DIEGO VELÁZQUEZ

Un soplo de modernidad en el arte
del retrato de corte

Por Delphine Gervais de Lafond
En colaboración con Stéphanie Reynders
Traducido por Laura Soler Pinson

Arte y literatura   50MINUTOS.es

DIEGO VELÁZQUEZ

- **¿Nombre?** Diego Rodríguez de Silva y Velázquez, llamado Diego Velázquez.
- **¿Nacimiento?** Nacido en junio de 1599 en Sevilla (España).
- **¿Muerte?** Fallecido el 6 de agosto de 1660 en Madrid (España).
- **¿Contexto?** La pintura española del siglo XVII y el apogeo del movimiento barroco.
- **¿Obras principales?**
  - *Vieja friendo huevos* (1618)
  - *Felipe IV* (1623 y 1628)
  - *La fragua de Vulcano* (1630)
  - *Retrato del papa Inocencio X* (1650)
  - *Venus del espejo* (1647-1651)
  - *Las meninas* (1656)
  - *Las hilanderas* (c. 1657)

Diego Velázquez es uno de los tres principales representantes del arte barroco del siglo XVII, junto a los pintores flamencos Pedro Pablo Rubens (1577-1640) y Antonio van Dyck (1599-1641). Empieza su andadura en el mundo de la pintura en Sevilla e inicia una carrera como pintor de la corte en Madrid, donde desarrolla un estilo particular nutrido de influencias italianas y flamencas, y revoluciona la tradición hispánica aportando un soplo de modernidad a la corte de Felipe IV (1605-1665). Su formación y sus viajes a Italia lo convierten en uno de los artistas más eruditos de España.

Velázquez, culto, orgulloso y cortés, es un retratista sin igual que, además, destaca en las escenas de género, en los paisajes y en los temas religiosos y mitológicos. Es célebre por sus estudios sobre el color y el volumen, lo que ayuda a que la verdad emane de sus personajes y de su organización del espacio, que representa con una destreza impresionante. Fascinado por la representación psicológica, el artista pinta a todos sus modelos con la misma intensidad, ya sean reyes, bufones o simples campesinos.

Velázquez, que enriquece constantemente su repertorio pictórico hasta alcanzar la perfección, empieza con el claroscuro de Caravaggio durante su periodo sevillano y llega a la libertad cromática de sus últimos años, pasando por la influencia del arte italiano. Pero su ascenso fulgurante le cuesta el desprecio de muchos artistas rivales y su estética austera se encuentra con la indiferencia del público. De hecho, durante varios siglos, la historia del arte se ha resistido a darle el lugar que merece. Desde que fue redescubierto en el siglo XIX, se le considera por unanimidad el mayor genio español de su época.

CONTEXTO

LA CONTRARREFORMA

La Reforma católica o Contrarreforma hace referencia a la respuesta de la Iglesia católica romana en los siglos XVI y XVII a las reformas protestantes que, sobre todo, afectan al norte de Europa. El punto culminante de la reacción católica es el Concilio de Trento (1545-1563), que tiene como objetivo la renovación profunda de la Iglesia y la reafirmación de su autoridad. Se adopta una cierta cantidad de medidas para combatir la expansión del protestantismo: se reconquistan territorios, se crean nuevas órdenes religiosas, se llevan a cabo reformas dogmáticas, se produce un endurecimiento de la disciplina y se restablece el tribunal de la Inquisición. En Italia, varias generaciones de papas trabajan para que se respeten estos nuevos preceptos. España, católica ferviente, se afana con especial cuidado en seguir las directivas del concilio al pie de la letra. La Inquisición, un tribunal eclesiástico compuesto principalmente por dominicanos, ya había sido restablecida en 1478 para luchar contra la herejía.

La Contrarreforma ejerce una influencia directa sobre las artes: la Iglesia anima a que se representen los temas religiosos y las obras se someten a la censura de la Inquisición. Así, en 1573, el artista italiano Veronés (1528-1588) se ve obligado a prestar declaración ante el tribunal por una representación polémica de la última cena. Los papas favorecen la expansión del arte barroco que sitúa la gloria de Dios en el centro de todo. Contra la austeridad del protestantismo, la iconografía católica desea presentar una imagen fastuosa y grandiosa del cristianismo. Tanto en arquitectura como en pintura, están de moda las demostraciones ostentosas y las puestas en escena espectaculares. Los cuadros emulan efectos dramáticos y en el interior de las iglesias abundan las decoraciones suntuosas, a cada cual más teatral. De esta manera, al controlar la producción artística, la Iglesia quiere imponer su soberanía en el mundo a través de la exaltación del sentimiento divino.

EL ARTE ESPAÑOL EN EL SIGLO DE ORO

El siglo XVII está considerado el Siglo de Oro español. Bajo la dinastía de los Habsburgo (1506-1700), España alcanza un poder político y cultural sin precedentes. En particular, el teatro se desarrolla considerablemente gracias a una nueva generación de dramaturgos como Lope de Vega (1562-1635) y Pedro Calderón de la Barca (1600-1681). Además, en literatura, ve la luz la novela española más famosa, *Don Quijote* (1605-1615) de Miguel de Cervantes (1547-1616). Para acabar, en la capital se llevan a cabo grandes obras arquitectónicas, como por ejemplo la construcción del palacio del Escorial, la renovación del Alcázar y de la Plaza Mayor, etc.

El arte se articula en torno a dos focos de creación, Sevilla y Madrid. El Greco (1541-1614) es uno de los primeros artistas españoles que experimenta la influencia del Renacimiento italiano tardío, más en concreto, del estilo manierista, que se desarrolla en Italia en los años 1520 e intensifica la «manera» de los grandes pintores del Renacimiento, como Miguel Ángel

(1475-1564) y Rafael (1483-1520), sobre todo al proponer colores con un contraste mayor y al alargar las figuras. En líneas generales, la pintura ibérica incorpora el modelo renacentista a su tradición, siempre respetando los principios de la Contrarreforma y, por lo tanto, del arte barroco. Alcanza su apogeo con Felipe IV, gran mecenas y coleccionista, cuyo reinado viene acompañado paradójicamente del declive de la monarquía. Además de Velázquez, los pintores Francisco de Zurbarán (1598-1664), Alonso Cano (1601-1667) y Bartolomé Esteban Murillo (1618-1682) también marcan el Siglo de Oro español.

BIOGRAFÍA

LA FORMACIÓN EN SEVILLA

Diego Velázquez nace en Sevilla en 1559, probablemente en el mes de junio. Aunque no se conoce su fecha de nacimiento, sí que sabemos que es bautizado el 6 de junio de 1599 en la iglesia de Don Pedro. Es el mayor de ocho hermanos. Su padre, Juan Rodríguez de Silva, es un hidalgo de origen portugués, mientras que su madre, Gerónima Velázquez, proviene de la nobleza sevillana.

En 1610, tras una breve estancia en el taller de Francisco de Herrera el Viejo (c. 1585/1590-1656), pasa a cargo de Francisco Pacheco (1564-1654), un pintor erudito italianizante que goza de una buena reputación y de una buena red social. Velázquez firma un contrato de aprendiz de seis años. En ese taller, el joven frecuenta a hombres influyentes, aristócratas e intelectuales. Pacheco moldea su mirada de artista y le transmite su pasión por los pintores del Renacimiento italiano, en particular, Miguel Ángel y Rafael.

En 1617, Velázquez obtiene el título de maestro, lo que le permite abrir su propio taller y contratar aprendices. Al año siguiente, se casa con la hija de Pacheco, Juana, que le dará dos hijas. En esta época, el artista realiza sus primeras obras importantes: *Vieja friendo huevos* (1618), *El aguador de Sevilla* y *La venerable madre Jerónima de la Fuente* (1620). Según la tradición andaluza, adopta el apellido materno y firma sus primeros lienzos con el nombre de «Diego Velázquez».

LA CARRERA MADRILEÑA

En 1622, gracias a su amistad con el capellán del rey, Juan de Fonseca, Pacheco envía a su yerno a Madrid, donde Fonseca le presenta las colecciones del palacio del Escorial. El joven artista descubre con alegría las obras italianas y flamencas que la familia real ha acumulado con el paso de los siglos. Además, es presentado al favorito del rey y administrador del reino, el conde duque de Olivares, que le consigue el encargo de un retrato de Felipe IV al año siguiente. Cuando vuelve a Madrid en 1623 con su obra bajo el brazo, Velázquez se gana el reconocimiento de toda la corte. El rey, cautivado por su talento, lo nombra «pintor del rey» y le ordena que se instale en Madrid.

Es el inicio de un ascenso social fulgurante, hasta el punto de que, poco a poco, el artista eclipsa a todos sus rivales. En 1627, es galardonado en un concurso organizado entre los distintos pintores del rey, cuyo objetivo es decorar el salón del palacio real del Alcázar. Entonces, Velázquez es nombrado «ujier de cámara del rey» y, al año siguiente, se convierte en «pintor de cámara», la función más importante para un pintor de corte. Si bien este título prestigioso lo lleva a elaborar principalmente retratos de la familia real, lo cierto es que también recibe algunos encargos de particulares.

En 1628, conoce a Rubens, con quien entabla una amistad, y realiza sus primeras composiciones mitológicas, como *El triunfo de Baco o los borrachos*. Siguiendo los consejos de su maestro flamenco, lleva a cabo un primer viaje a Italia que será determinante para su evolución artística.

EL DESCUBRIMIENTO DE ITALIA

De 1629 a 1631, Velázquez efectúa una primera

estancia de dos años en Italia para completar su formación, para mejorar su técnica y para enriquecer su repertorio pictórico junto a maestros antiguos. Tras un breve paso por Génova, llega a Venecia. Ahí, entre los canales sinuosos, recorre los museos y copia a Tiziano (c. 1488-1576), a Tintoretto (1518-1594) y a Veronés (1528-1588). En Ferrara descubre las obras de Giorgione (c. 1477-1510) y, a continuación, visita Milán y Boloña antes de acudir a Roma. El pintor español, situado bajo la protección del cardenal Francesco Barberini (1597-1679), recibe una calurosa bienvenida. Se le autoriza el acceso a las colecciones vaticanas y, de esta manera, tiene la posibilidad de copiar las esculturas antiguas y las obras de Miguel Ángel y de Rafael. Durante el verano de 1630, el artista reside en la Villa Médici. Para acabar, se dirige a Nápoles antes de volver a Madrid.

La Villa Medici

Este palacio, situado en la colina del Pincio, a las afueras de Roma, debe su nombre a su fundador, el cardenal y mecenas Fernando de Médici (1549-1609). En el siglo XVII, es una etapa obligatoria para los artistas

La década 1630-1640 se corresponde con la madurez artística de Velázquez. Su arte está en su punto álgido. Dos grandes proyectos de decoración lo acaparan por completo: el palacio del Buen Retiro, la nueva residencia secundaria del rey en Madrid y la torre de la Parada, un pabellón de caza cerca de la ciudad. Para el primero, elabora varias composiciones en las que exalta el poder español, entre ellas, una serie de cinco retratos ecuestres en los que representa a los reyes Felipe III (1578-1621), Felipe IV, la reina Margarita de Austria (1584-1611), la reina Isabel de Borbón (1602-1644) y el príncipe heredero Baltasar Carlos de Austria (1629-1646), así como otras escenas entre las que figura *La rendición de Breda* y el retrato del bufón Pablo de Valladolid (1587-1648). Para decorar la torre de la Parada, el artista pinta tres escenas de caza en las que aparecen respectivamente Felipe IV, su hermano el cardenal Fernando de Austria (1609-1641) y el príncipe Baltasar Carlos de Austria, así como retratos de filósofos y de bufones. Por otra parte, Velázquez sigue subiendo en la jerarquía social año tras año. En 1636, accede al puesto de «ayuda de guardarropa»; en 1643, es ascendido al rango de «ayuda de cámara del rey»; y en 1644 se convierte en «superintendente de las obras reales». Sin embargo, sus nuevas funciones lo obligan a aparcar su paleta para acompañar al rey en todos sus desplazamientos.

LOS ÚLTIMOS AÑOS

En 1649, Velázquez es enviado por segunda vez a Italia con el objetivo de comprar obras para enriquecer las colecciones reales, una estancia que durará también dos años. El artista pasa por las ciudades de su primer viaje, Génova, Milán, Venecia, Roma y Nápoles, donde se le recibe con todos los honores. Compra obras de los venecianos Tiziano, Tintoretto y Veronés por cuenta de rey, y pinta varios retratos de la corte papal. En particular, una tela suscita la admiración de todos: el retrato del papa Inocencio X (1574-

1655), que lleva a cabo en Roma en 1650. Como consagración suprema de su genialidad, el artista español es elegido miembro de la Academia de San Lucas, una de las academias de arte italianas más antiguas, y de la Congregación de los virtuosos del panteón, una de las diez academias pontificias.

Velázquez vuelve a Madrid en 1651. Mientras tanto, el rey Felipe IV se ha vuelto a casar, esta vez con su sobrina Mariana de Austria (1634-1696). Cuando llega, el artista es nombrado «mariscal de corte», un grado que lo limita aún más a las tareas administrativas. Sin embargo, ejecuta varios retratos de corte, entre otros, el del rey y el de la nueva reina, los de las infantas María Teresa (1638-1683) y Margarita Teresa de Austria (1651-1673) y el del infante Felipe Próspero de Austria (1657-1661), y pinta dos grandes obras maestras: *Las meninas* (1656) y *Las hilanderas* (c. 1657). Su último encargo real consiste en representar cuatro escenas mitológicas para el salón de los espejos del Alcázar, *Apolo desollando a un sátiro y Marte, Venus y Adonis, Psique y Cupido, Mercurio y Argos* (c. 1659).

En 1659, el rey lo asciende a la categoría de

noble y lo ordena caballero de la Orden de Santiago. En junio de 1660, acompaña a la corte a Fuenterrabía, en la frontera entre España y Francia, para decorar el pabellón real de la isla de los Faisanes donde tiene lugar el encuentro entre la infanta María Teresa y su futuro esposo, el rey Luis XIV (1638-1715). Pero este último proyecto lo debilita enormemente y vuelve enfermo a Madrid. Muere el 6 de agosto de ese mismo año a causa de la fiebre.

CARACTERÍSTICAS

EL REALISMO DE LOS INICIOS

En sus obras de juventud, Velázquez ya demuestra un auténtico dominio en cuanto a la imitación de la naturaleza y al acabado de los relieves y de las texturas. Recurre a una técnica cercana al tenebrismo barroco de Caravaggio, utilizando fuertes contrastes de colores para iluminar sus rostros con una luz directa gracias al método del claroscuro. La influencia del realismo flamenco también se nota en sus composiciones naturalistas que mezclan naturaleza muerta y escena de género, como por ejemplo en *Vieja friendo huevos* (1618), *El aguador de Sevilla* (c. 1620) o *El almuerzo* (1622).

EL CARAVAGGISMO

Desde un punto de vista pictórico, en el siglo XVII se produce una propagación del estilo caravaggesco, que toma el nombre de su inventor, Caravaggio (c. 1571-1610). Este pintor italiano revoluciona el arte de dar forma a las figuras a través de una ilu-minación directa, utilizando la técnica del claroscuro para crear un contraste violento entre las zonas de luz y de sombra. Así, se habla de «tenebrismo caravaggesco». Este procedimiento permite aportar a la vez más realismo y teatralidad a las composiciones. El caravaggismo alcanza un gran éxito en Italia desde finales del siglo XVI y es imi-tado en toda Europa en el siglo siguiente (Velázquez, Rembrandt, Georges de La Tour, etc.).

Por el contrario, a lo largo de sus años de apren-dizaje en Sevilla, no parece que su maestro, Francisco Pacheco, haya ejercido mucha influen-cia sobre él. El estilo caravaggesco de Diego Velázquez rompe con la tradición sevillana de los cuadros religiosos, pero también se distingue del manierismo exultante del Greco. Pone a punto un estilo personal sobrio y austero, pero de una verdad sorprendente, tal y como se ve en su retrato de la madre Jerónima de la Fuente (1620). Se están gestando los principales ingredientes de su arte, que solo quieren expresarse con total libertad.

MODERNIZAR EL ARTE DEL RETRATO

A su llegada a Madrid, Velázquez enriquece su pintura con la influencia de las obras italianas y flamencas que decoran los muros de los palacios reales. Su pincelada se vuelve más libre y su gama cromática se reduce a los tonos fríos, azulados y grises. El artista también agudiza su sentido de la puesta en escena (*La rendición de Breda*, c. 1634) y se lanza en muchos estudios sobre el color. Dos siglos antes que los impresionistas, pone a punto una técnica basada en la ilusión óptica que consiste en aplicar unas pequeñas manchas de color junto a otras. De cerca, las manchas solo representan un desorden de colores, pero de lejos desvelan una increíble riqueza de tonos y de texturas (*Retrato de Felipe IV de castaño y plata*, c. 1631-1632).

Además, Velázquez reforma fundamentalmente el arte del retrato de corte aportando un soplo de modernidad. Sus retratos oficiales, sobrios y elegantes, se alejan de las figuras protocolarias de sus predecesores, Bartolomé González (1564-1627) o Rodrigo de Villandrando (1588-1622).

El artista elimina cualquier artificio inútil que pueda perturbar la exaltación de su modelo. Representa a los miembros de la familia real sobre un fondo oscuro y neutro, en formatos monumentales, donde reinan a la vez la nobleza y la sencillez. Los príncipes, los reyes, las reinas y los favoritos están casi siempre inmortalizados con una expresión preocupante y una actitud impasible (*Felipe IV*, 1623, y *El infante don Carlos*, 1626-1627). El talento de Velázquez sale a la luz con todo su esplendor en los retratos de niños de la realeza, tal y como se puede apreciar en su galería de infantes (*El príncipe Baltasar Carlos, a caballo*, 1635; *El príncipe Felipe Próspero*, 1659; *La infanta Margarita en azul*, 1659, etc.).

Y con la misma consideración y con una profunda humanidad, pinta a los grandes «olvidados» de la corte, a los enanos y a los bufones, afanándose por devolverles una dignidad (*El bufón llamado don Juan de Austria*, 1632; *El bufón Calabacillas*, 1637-1639; *El bufón el Primo*, c. 1645, etc.).

LOS ENANOS DE LA CORTE

La presencia de enanos y de bufones en

la corte española es una tradición que se remonta a la Edad Media. Mantenidos por el rey, están considerados seres marginales, monstruos locos o deformes. Son los espejos invertidos del rey y están ahí para divertir a la corte haciendo comedia o imitando el protocolo y los códigos de etiqueta.

LA INFLUENCIA ITALIANA

La transición entre el tenebrismo barroco de los primeros años y la libertad pictórica de la madurez se debe sin lugar a dudas a la influencia de los dos viajes que el pintor realiza por Italia.

Cuando acude por primera vez a Italia en 1629, Velázquez ya conoce las obras de Tiziano, de Tintoretto y de Veronés. De hecho, poco antes de su partida, pinta un cuadro de estilo italianizante y de inspiración caravaggesca, *El triunfo de Baco o los borrachos* (1628-1629), en el que el tema mitológico solo es un pretexto para representar una escena de borrachera con un tratamiento muy realista.

El descubrimiento de los maestros del

Renacimiento y de las colecciones antiguas de la Villa Médici tiene un impacto directo sobre su arte. Bajo la influencia de la pintura veneciana, abandona el claroscuro y adopta una paleta de colores más amplia (*La túnica de José*, 1630; *Venus del espejo*, 1647-1651; *Retrato del papa Inocencio X*, 1650). Por su parte, toma las poses y las musculaturas prominentes de sus personajes de las estatuas grecorromanas y de las imponentes figuras de Miguel Ángel (*La fragua de Vulcano*, 1630; *Cristo en la cruz*, 1632). Para acabar, en líneas generales, la pincelada de Velázquez se vuelve más ligera, con más color, y los contrastes son menos agresivos. El artista también juega con los efectos de transparencia y de perspectiva. Sus vistas de los jardines de la Villa Médici, realizados en la naturaleza, anticipan el paisaje impresionista al aire libre (*Entrada de la gruta en el jardín de Villa Medicis en Roma* y *El pabellón de Ariadna en el jardín de Villa Medicis en Roma*, 1629-1631)

OBRAS SELECCIONADAS

VIEJA FRIENDO HUEVOS

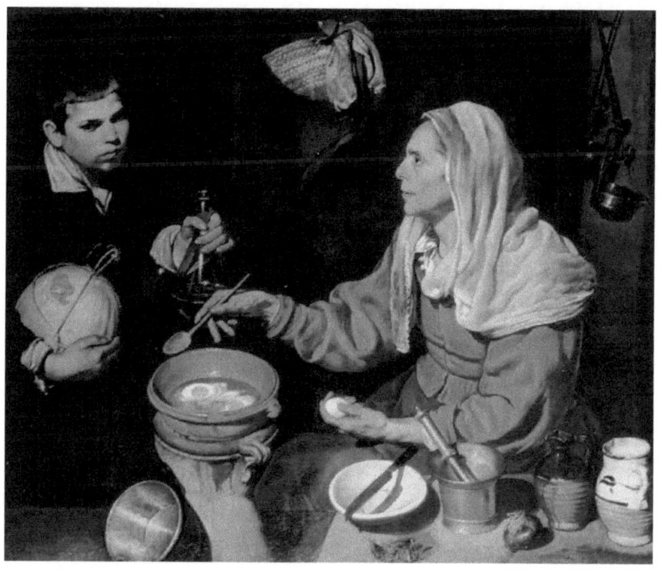

| *Vieja friendo huevos*, 1618, óleo sobre lienzo, 100 x 119 cm, Edimburgo, Galería Nacional de Escocia.

Diego Velázquez tiene menos de veinte años cuando realiza este lienzo. La obra pertenece al género del bodegón, muy popular en España en el siglo XVII, y es característico de su periodo sevillano, que está influido al mismo tiempo por el barroco italiano de Caravaggio y por el realismo flamenco. En él se ve a una mujer anciana sentada en el interior de una casa mientras fríe huevos en un recipiente de barro. Un joven la ayuda en la preparación de la comida.

Aquí, Velázquez recurre a la técnica del claroscuro. Las figuras que están en primer plano están iluminadas por una luz dorada, lo que establece un fuerte contraste con la oscuridad del fondo. El pintor también juega con la transparencia, la opacidad y la materia de los objetos (cerámica, vidrio, cobre, etc.) con una gran destreza. Pinta cada detalle con un realismo extremo, tal y como demuestran las distintas texturas del huevo sumergido en el aceite caliente. Para acabar, el joven artista ya desvela su increíble talento como retratista a través del tratamiento expresivo de los rostros y la captación de las emociones.

EL BODEGÓN

En el arte español, el bodegón designa un género en la pintura que se asemeja al de la naturaleza muerta y en el que se representan objetos de la vida cotidiana relativos a la comida (utensilios, recipientes, vajilla, jarras de agua, frutas y verduras, etc.). Estas escenas de cocina o de taberna, populares en el norte de Europa y entre los pintores flamencos en particular, son ante todo un ejercicio de técnica en el que destaca el virtuosismo del artista.

RETRATO DE FELIPE IV

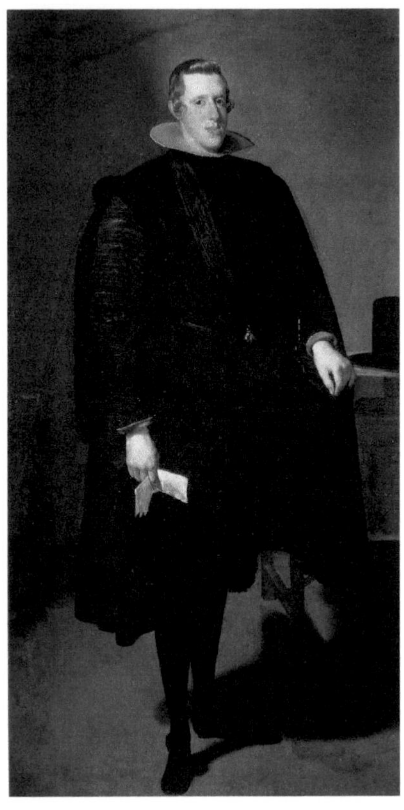

| *Retrato de Felipe IV*, 1623 y 1628, óleo sobre lienzo, 198 x 101 cm, Madrid, Museo del Prado.

Este cuadro es uno de los primeros retratos oficiales de Felipe IV que Velázquez pinta poco después de llegar a Madrid. El rey está representado con un elegante traje negro y su rostro juvenil resalta gracias a un gran cuello blanco. La nota que agarra con su mano izquierda recuerda su papel de administrador del reino, mientras que la posición de su mano derecha sobre su espada hace referencia a sus funciones militares.

Aunque la composición general y la elección cromática se inscriben en la línea de los retratos de corte españoles, lo cierto es que el cuadro de Velázquez sorprende por su simplicidad. En efecto, el artista no solo hace toda una demostración de sobriedad, sino que además representa al rey en la posición y con los clichés de un retrato de burgués. El único atributo decorativo que une el modelo a su estatus de soberano es el minúsculo colgante del Toisón de oro, que cuelga del final de una cinta negra que se confunde con el traje. Al concentrarse en lo esencial, el pintor logra dar a su retrato una dimensión psicológica que hasta entonces era desconocida en este género pictórico.

La particularidad de este cuadro reside en el hecho de que el artista volvió a trabajarlo por completo en 1628, y así lo confirma la huella de retoques todavía visibles en algunos lugares, sobre todo en la capa y en la pierna izquierda. El propio Velázquez o su taller elaboran una copia (*Felipe IV, c.* 1624, óleo sobre lienzo, 200 x 102 cm, Nueva York, Museo Metropolitan) gracias a la que se conoce la primera versión del pintor. Con respecto a esta obra, en la versión de 1628, Velázquez modifica la posición de las piernas y los detalles del traje (desaparece un imponente collar de oro), y la silueta del rey está representada de una forma más longilínea.

RETRATO DEL PAPA INOCENCIO X

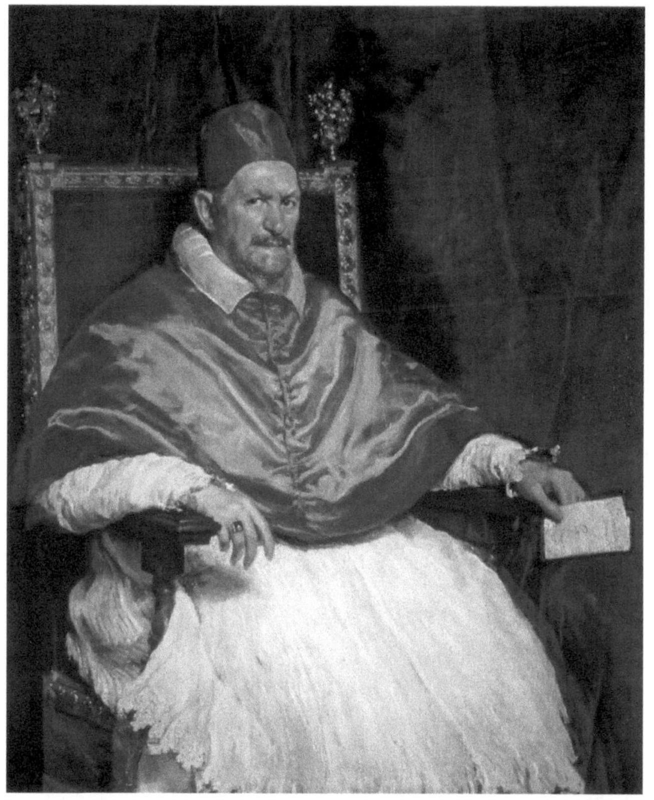

| *Retrato del papa Inocencio X*, 1650, óleo sobre lienzo, 140 x 120 cm, Roma, Galería Doria Pamphilj.

Cuando vuelve a Roma en 1650, Velázquez está

en el apogeo de su arte. Su fama traspasa las fronteras españolas y recibe la autorización para pintar el retrato de Giovanni Battista Pamphilj, más conocido por su nombre de papa, Inocencio X.

Es una tarea difícil. Velázquez debe enfrentarse a una dura competencia, ya que los retratos pontificios se reservan tradicionalmente a los pintores italianos más importantes. Probablemente, el maestro español se inspira de los cuadros de Rafael (*Julio II*, 1511-1512) y de Tiziano (*Retrato de Pablo III*, 1543). Ofrece el retrato severo de un hombre digno con un rostro vivo y penetrante, lejos de la imagen negativa que transmiten sus detractores, que lo describen como «feo, pequeño, deforme, astuto, artificioso, ignorante e hipócrita»[1] (Michaud 1818, 239).

Velázquez se decanta por una gama cromática audaz al elegir trabajar una escala de rojos. Para el filósofo francés Hippolyte Taine (1828-1893), se trata de una verdadera hazaña: «Sobre una silla roja, ante unas cortinas rojas, bajo un bonete rojo, por encima de un abrigo rojo, una

---

1. Cita traducida por 50Minutos.es

figura roja, la figura de un pobre simplón, de un pedante desgastado: componga un cuadro inolvidable con esto»[2] (Taine 1866, 339). Además, la verdad psicológica que se desprende de este retrato contribuye a convertirla en la obra más admirada del maestro en esa época. El artista firma y dedica su obra en el papel que sujeta el papa con su mano izquierda.

---

2. Cita traducida por 50Minutos.es

VENUS DEL ESPEJO

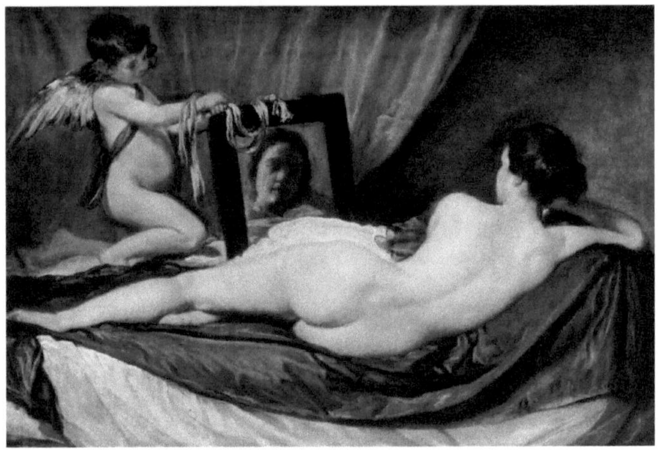

| *Venus del espejo*, 1647-1651, óleo sobre lienzo, 122 x 177 cm, Londres, Galería Nacional.

La *Venus del espejo* es una excepción en la obra de Velázquez en más de un sentido. Este es el único desnudo que se conserva del artista —Velázquez pinta otros tres desnudos que actualmente han desaparecido (otra Venus, *Venus y Adonis* y *Psique y Cupido*)— y es una representación particular de un tema pictórico tradicional, el aseo de Venus.

En este cuadro, efectuado durante su segundo viaje a Italia, se distingue de sus predecesores al pintar a la diosa del amor y de la belleza recostada, y no sentada, tal y como manda la tradición. Al contrario que las Venus de Tiziano (1555), de Veronés (entre 1584 y 1586) y de Rubens (1615), la de Velázquez aparece representada de espaldas, en una actitud lasciva e impregnada de una gran sensualidad.

Además, el pintor se inspira de las estatuas de la Antigüedad para presentar a su modelo con una silueta longilínea, a diferencia de los otros artistas, que muestran a una diosa corpulenta, con unas formas generosas.

En cuanto al resto de la composición, retoma los cánones del género: Venus se mira en un espejo que sostiene su hijo Cupido, el dios del amor. Al igual que Tiziano, Veronés y Rubens antes que él, Velázquez cuida los contrastes de colores para que destaque la blancura de la diosa. Pero su cuadro también se distingue por su sencillez y su sinceridad. Más que sublimar el cuerpo de una divinidad inaccesible, el artista opta por pintar el retrato realista de una simple mortal. Sin embargo, en el siglo XVII el desnudo es un tema pictórico sometido a reglas estrictas y solo se concibe en un contexto mitológico o alegórico.

En España, el tribunal de la Inquisición puede condenar una obra de estas características. Por suerte, el cuadro escapa a la censura por su carácter confidencial: probablemente, Velázquez lo pintó probablemente por encargo del marqués de Carpio, Gaspar Méndez de Haro (1629-1687), lo que significa que solo estaba a la vista de un pequeño círculo de entendidos.

«ULTRAJE EN LA GALERÍA NACIONAL»

El 10 de marzo de 1914, la espalda de Venus sufre un violento ataque con un hacha a manos de la militante Mary Richardson (1889-1961), miembro del Women's Social and Political Union, «Unión Política y Social de las Mujeres», un movimiento feminista conocido por sus acciones contra el gobierno británico. «National Gallery outrage. Suffragist prisoner in court» («Ultraje en la Galería Nacional. La prisionera sufragista ante el tribunal») titula *The Times* al día siguiente del atentado. La joven es condenada a seis meses de prisión por su acto de vandalismo. Por su parte, la *Venus del espejo* sufre una restauración tan notable como polémica en 1965-1966 a manos de Helmut

Ruhemann, restaurador jefe del museo, al que algunos biógrafos del maestro critican por haber transformado la obra maestra de Velázquez.

LAS MENINAS

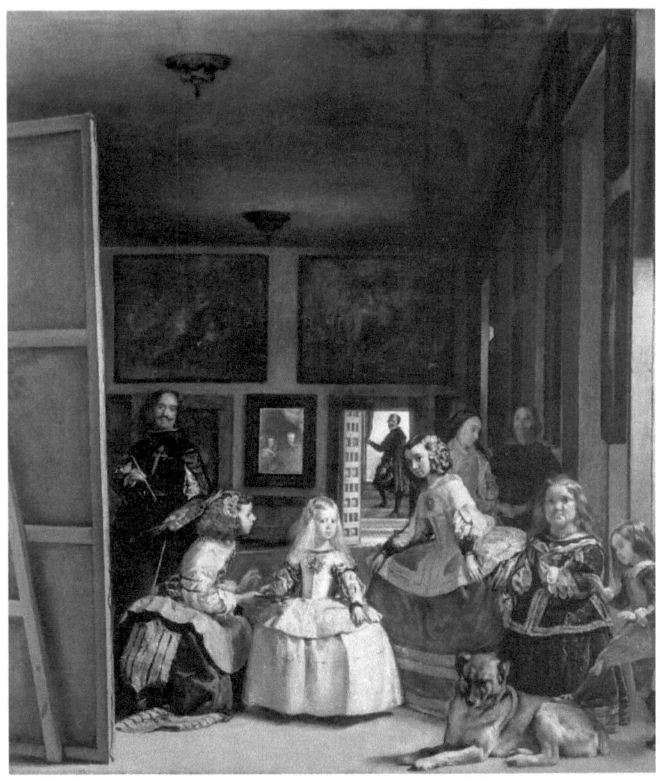

| *Las meninas*, 1656, óleo sobre lienzo, 318 x 276 cm, Madrid, Museo del Prado.

El cuadro de *Las meninas*, obra maestra abso-
luta de Velázquez, es el más famoso del Museo

del Prado. Bajo su aspecto servil de retrato de corte, el lienzo desvela una organización particularmente compleja. La escena se desarrolla en el palacio del Alcázar, en Madrid. La infanta Margarita Teresa, hija de Felipe IV y de Mariana de Austria, tiene cinco años y preside con orgullo el centro de la composición rodeada de sus «meninas», sus damas de honor, María Agustina Sarmiento e Isabel de Velasco. La primera, arrodillada a la izquierda, le tiende una bandeja dorada en la que reposa un bote de chocolate, mientras que la segunda hace la reverencia a alguien que se encuentra fuera del lienzo, en el lugar del espectador. A la izquierda, Velázquez se representa mientras pinta. En primer plano, a la derecha, reconocemos a los enanos Maribárbola y Nicolasito Pertusato, acompañados por un perro. Detrás de ellos, la dama de honor de la corte, Marcela de Ulloa, conversa con un hombre sin identificar. La silueta del chambelán de la reina, José Nieto, se dibuja en el marco de la puerta. Colgando de la pared se encuentran dos lienzos: *Palas y Aracne* de Rubens y *Apolo, vencedor de Pan* de Jacob Jordaens (1593-1678)

A estos nueve personajes también se añaden

dos misteriosas figuras cuyo reflejo aparece furtivamente en el espejo del fondo. Se trata del rey y de la reina. Aquí, Velázquez nos presenta un auténtico truco de magia. Lo que creemos que es el auténtico tema de la obra —y lo que es para nosotros, los espectadores—, es decir, la representación de la infanta y de su séquito, no es más que una puesta en escena tramposa. En realidad, los personajes acuden para asistir al retrato de la pareja real, un cuadro completamente ficticio, ya que no existe ninguna representación común de los dos esposos que Velázquez haya pintado. La inspiración de este procedimiento de construcción en abismo de un cuadro dentro del cuadro le llega muy probablemente con el *Matrimonio Arnolfini* (1434), del pintor flamenco Jan van Eyck (*c.* 1390-1441), que formaba parte de las colecciones reales españolas en esta época.

Las meninas, que son una proeza pictórica magistral, constituyen la quintaesencia del arte de Velázquez. El cuadro, considerado su testamento artístico, asocia de manera singular el autorretrato y el retrato colectivo en un único conjunto que resume a la perfección la amplitud de su actividad en la corte, donde su pintura está presente en su totalidad a través de sus temas favoritos (retratos reales, de corte, de enano, de infante), su dominio del espacio (distribución, perspectiva y uso de la luz) y sus influencias pictóricas (homenaje a la pintura flamenca).

DIEGO VELÁZQUEZ, UNA FUENTE DE INSPIRACIÓN

Aunque mientras está vivo goza de reconocimiento y de admiración internacional, Velázquez no ejerce una influencia inmediata en el arte fuera de España. Sus cuadros, conservados en su mayoría en colecciones privadas, solamente están accesibles para un puñado de iniciados. En el siglo XVIII, Francisco de Goya (1746-1828) contribuye a darlo a conocer al grabar sus principales obras, pero habrá que esperar hasta el siglo siguiente para que el pintor por fin entre en el panteón de los más grandes.

Cuando el siglo XIX Francia vuelve a descubrir la pintura española, Velázquez es apreciado por su acabado realista de los rostros, por su tratamiento psicológico de los personajes y por sus puestas en escena con contraste. Los viajeros extranjeros no se cansan de admirar sus lienzos en el Museo del Prado en Madrid. Por otra parte, tanto románticos como realistas y simbolistas reivindican la herencia del artista. Eugène Delacroix (1798-1863), Gustave Courbet (1819-1877) o Léon Bonnat (1833-1922) le profesan una profunda admiración. La generación de los impresionistas es la primera en entusiasmarse por la modernidad de sus obras y, más adelante, los pintores ingleses y estadounidenses de la segunda mitad del siglo XIX siguen el movimiento. John Everett Millais (1829-1896), James Abbott McNeill Whistler (1834-1903) o John Singer Sargent (1856-1925) se ven influidos por su arte sucesivamente. Se multiplican los homenajes al maestro español aún en el siglo XX a través de los cuadros de grandes pintores como Pablo Picasso (1881-1973), Salvador Dalí (1904-1989) o Francis Bacon (1909-1992).

MANET SIGUIENDO LOS PASOS DE VELÁZQUEZ

Según Édouard Manet (1832-1883), Velázquez es «el pintor de los pintores» (G. Torres 2015) y es para él un auténtico maestro espiritual. En los años 1860, copia sus obras en el Louvre en compañía de Edgar Degas (1834-1917) y de

Auguste Renoir (1841-1919). Su viaje a Madrid en 1865 lo marca profundamente e incluso escribe a Charles Baudelaire (1821-1867) que el maestro español «es el mayor pintor que jamás ha existido» (Martí 2002). Sobre todo, el artista francés cae rendido ante el retrato del bufón Pablo de Valladolid.

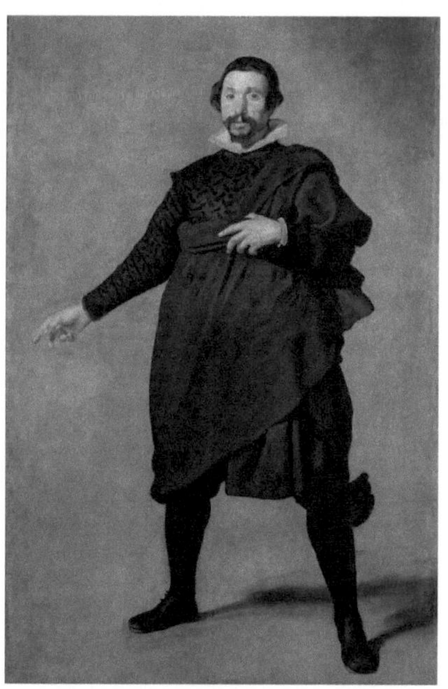

| Velázquez, Diego, *Pablo de Valladolid*, c. 1635, óleo sobre lienzo, 209 x 123 cm, Madrid, Museo del Prado.

En esta obra, efectuada para el palacio del Buen Retiro, Velázquez representa por primera vez una figura sin tener en cuenta la perspectiva. Manet queda fascinado por la audacia de esta composición que mezcla fondo y forma con un espíritu increíblemente moderno: «El fondo desaparece: ¡Lo que rodea al hombre, totalmente vestido de negro y vivo, es el aire!» (Museo d'Orsay 2006). Cuando regresa a Francia, se inspira de este retrato para pintar dos cuadros vanguardistas que chocan a la crítica: *El pífano* (1866) y *El actor trágico* (1866).

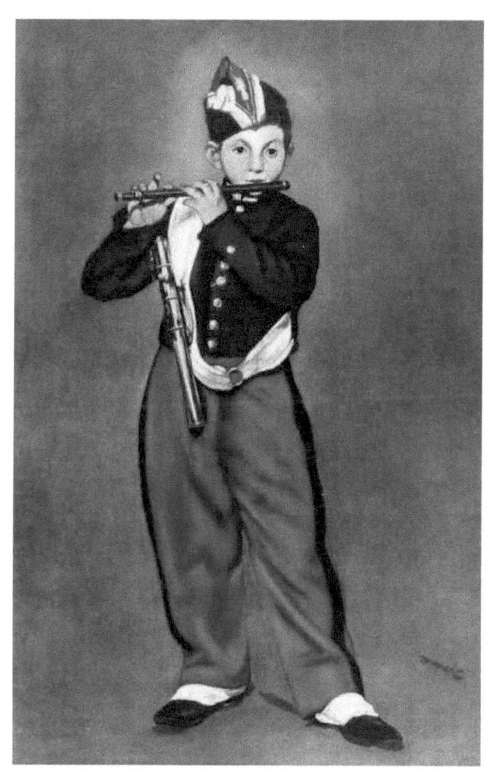

| Manet, Édouard, *El pífano*, 1866, óleo sobre lienzo, 161 x 97 cm, París, Museo de Orsay.

EL HOMENAJE DE PICASSO Y DE BACON

Para Pablo Picasso, Velázquez es el «pintor de la realidad» (Castillo 2015). El artista profesa a su compatriota una admiración sin límites y le encanta reinterpretar sus obras durante toda su vida. En 1957, se encierra en su mansión de Cannes durante cuatro meses para elaborar una serie de 58 cuadros sobre el tema de *Las meninas*. Es el mayor homenaje que el pintor rinde al maestro español. Picasso deconstruye el espacio y hace estallar la forma para presentarnos una visión caleidoscópica de la obra maestra de Velázquez. Varía las composiciones de un lienzo a otro y se afana por volver a trabajar en un estilo cubista el cuadro inicial total o parcialmente. Las líneas y los colores se entrechocan, se tuercen y se arquean en un espacio facetado reducido a su simple expresión geométrica.

Por su parte, en esa misma época, el artista inglés Francis Bacon ejecuta una serie de 45 lienzos inspirados en el retrato del papa Inocencio X. Una reinterpretación «impactante» del cuadro de Velázquez de 1953 muestra al papa gritando en una posición que recuerda a la de un condenado a muerte en la silla eléctrica. Su silueta enclenque aparece deformada por el dolor. El soberano pontífice, desposeído de su autoridad, parece agonizar en un remolino de líneas infernales.

EN RESUMEN

- Velázquez lleva a cabo su aprendizaje en Sevilla, su ciudad natal, junto a Francisco Pacheco, antes de instalarse en Madrid, donde hace carrera en la corte. Con la protección del rey Felipe IV, asciende rápidamente los escalones de la jerarquía social.
- Su estilo evoluciona considerablemente durante su carrera. Primero se ve influido por el caravaggismo, que lo libera de la tradición, y enriquece su paleta y da más complejidad a sus composiciones gracias al descubrimiento de la pintura veneciana y flamenca, de las estatuas de la Antigüedad y de los maestros del Renacimiento italiano. Sus dos viajes a Italia tienen una importancia considerable en su trabajo.
- Velázquez contribuye a que evolucione el gusto de la corte. Sus retratos oficiales, sobrios y elegantes, inmortalizan a los miembros de la familia real con una expresión inquietante y una actitud impasible. El artista también es conocido por sus retratos de bufones y de

enanos.

- Aunque el retrato sea su tema predilecto, también destaca en las escenas de género, en los paisajes y en los temas religiosos y mitológicos.
- Entre sus obras más conocidas figuran *Vieja friendo huevos*, *El aguador de Sevilla*, *Retrato de Felipe IV*, *Retrato del papa Inocencio X*, *Venus del espejo*, *Las hilanderas*, *La rendición de Breda* o *El triunfo de Baco o los borrachos*.
- Su cuadro *Las meninas*, considerado su testamento artístico y una auténtica proeza, es la mayor obra maestra del Museo del Prado en Madrid, que conserva casi un tercio de la producción total del artista.
- Velázquez es descubierto de nuevo en el siglo XIX gracias a los pintores franceses y a los impresionistas, que lo consideran un maestro espiritual. Muchos artistas le dedican a continuación homenajes pictóricos, en especial, Manet, Millais, Picasso y Bacon.

¡Tu opinión nos interesa!
¡Deja un comentario en la página web de tu
librería en línea,
y comparte tus favoritos en las redes sociales!

PARA IR MÁS ALLÁ

FUENTES BIBLIOGRÁFICAS

* Baldassari, Anne y Marie-Laure Bernadac. 2008. *Picasso et les maîtres*, catálogo de exposición. París: RMN.

* Brown, Jonathan. 1988. *Velázquez*. París: Fayard.

* Castillo, Gerardo. 2015. *La cuna del genio. 15 personajes que cambiaron el rumbo del arte y la ciencia*. Madrid: Palabra.

* Colectivo. 2002. *Manet/Velázquez: la manière espagnole au XIXe siècle*, catálogo de exposición. París: Museo de Orsay.

* d'Orsay, Museo, "Édouard Manet. El Pífano", 2006. Consultado el 2 de octubre de 2017. http://www.musee-orsay.fr/es/colecciones/obras-comentadas/pintura/commentaire_id/el-pifano-3310.html?tx_commentaire_pi1%5BpidLi%5D=509&tx_commentaire_pi1%5Bfrom%5D=841&cHash=49d53b7533

* G. Torres, Laura. 2015. "Velázquez, el pintor de pintores conquista París". *RTVE*. 24 de marzo. Consultado el 2 de octubre de 2017. http://www.rtve.es/noticias/20150324/velazquez-pintor-pintores-conquista-paris/1118141.shtml

- Lopez-Rey, José y Odile Delenda. 2014. *Velázquez. Complete Works*. Colonia: Taschen.

- Martí, Octavi. 2002. "Velázquez-Manet, una pasión". *El País*. 14 de septiembre. Consultado el 2 de octubre de 2017. https://elpais.com/diario/2002/09/14/babelia/1031958369_850215.html

- Michaud, Louis-Gabriel. 1818. *Biographie universelle, ancienne et moderne*, tomo 21. París: Michaud.

- Pérez Sánchez, Alfonso. 2000. *Le Prado*. Londres: Scala.

- Schneider, Norbert. 1999. *L'art du portrait*. Colonia: Taschen.

- The Times. 1914. "National Gallery outrage. Suffragist prisoner in court". *Heretical*. 11 de marzo. Consultado el 2 de octubre de 2017. http://www.heretical.com/suffrage/1914tms2.html

- Tropé, Hélène. 2014. "Nains et bouffons à la cour des Habsbourg d'Espagne aux XVIe y XVIIe siècles". *Bulletin hispanique*, 116-1, 73-105.

- Wilson-Barreau, Juliet. 1991. *Manet par lui-même*. París: Atlas.

- Zerbib, Monique. 2004. "La représentation des nains et des bouffons dans l'œuvre de Vélasquez". *Champ psy 3*, n.º 35, 41-59.

FUENTES ICONOGRÁFICAS

- Manet, Édouard, *El pífano*, 1866, óleo sobre lienzo, 161 x 97 cm, París, Museo de Orsay. La imagen reproducida está libre de derechos.

- Velázquez, Diego, *Las meninas*, 1656, óleo sobre lienzo, 318 x 276 cm, Madrid, Museo del Prado. La imagen reproducida está libre de derechos.

- Velázquez, Diego, *Pablo de Valladolid*, c. 1635, óleo sobre lienzo, 209 x 123 cm, Madrid, Museo del Prado. La imagen reproducida está libre de derechos.

- Velázquez, Diego, *Retrato de Felipe IV*, 1623 y 1628, óleo sobre lienzo, 198 x 101 cm, Madrid, Museo del Prado. La imagen reproducida está libre de derechos.

- Velázquez, Diego, *Retrato del papa Inocencio X*, 1650, óleo sobre lienzo, 140 x 120 cm, Roma, Galería Doria-Pamphilj. La imagen reproducida está libre de derechos.

- Velázquez, Diego, *Venus del espejo*, 1647-1651, óleo sobre lienzo, 122 x 177 cm, Londres, Galería Nacional. La imagen reproducida está libre de derechos.

- Velázquez, Diego, *Vieja friendo huevos*, 1618, óleo sobre lienzo, 100 x 119 cm, Edimburgo, Galería Nacional de Escocia. La imagen reproducida está libre de derechos.

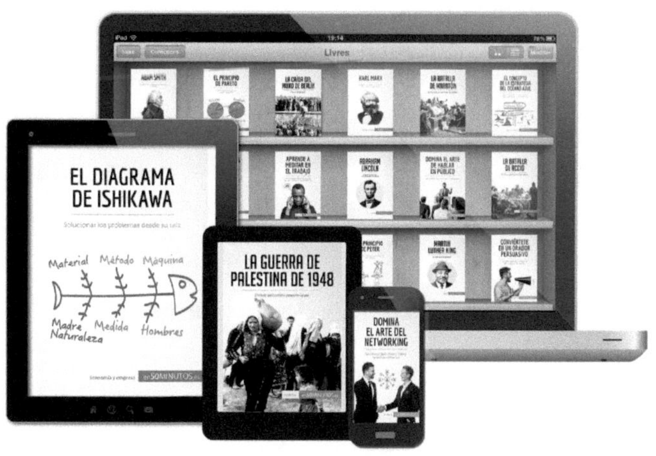

www.50Minutos.es

ISBN ebook: 9782806297952

ISBN papel: 9782806297969

Depósito legal: D/2017/12603/300

Libro realizado por Primento, el socio digital de los editores